▼ Les Histoires du Père Castor ▼

Qu'elles soient nées dans l'esprit fécond d'un auteur ou venues du fond des âges et de pays lointains, les histoires transmettent une culture, une tradition, elles parlent de nous. Comprendre, accepter les autres, mieux se connaître, se laisser porter par la magie des mots et des images : c'est tout cela que les Histoires du Père Castor offrent.

Depuis 1931, le Père Castor propose de merveilleuses histoires illustrées, et crée les classiques de la littérature pour enfants, d'hier et d'aujourd'hui. Nous perpétuons cette tradition avec les talents d'auteurs de mots et d'images pour le plaisir toujours renouvelé du partage de la lecture…

LA GROSSE NOIX

Pour Mélonin.
C. B.

Dépôt légal : mars 2019
ISBN : 9782081442894
Imprimé en République Tchèque par PB Tisk – décembre 2018
Éditions Flammarion (n° L.01EJDN001605.N001) – 87 quai Panhard-et-Levassor, 75647 Paris Cedex 13
Loi n° 49-956 du 16 juillet 1949 sur les publications destinées à la jeunesse

LA GROSSE NOIX

Un conte d'Anne-Marie Chapouton
Illustré par Crescence Bouvarel

PÈRE CASTOR

Un jour, comme ça,
tout d'un coup,
quelque chose dégringole,
roule, roule, roule…
et s'arrête enfin au milieu
du chemin.

– Qu'est-ce que c'est ?
L'écureuil s'approche doucement.

Il tourne autour et il dit :
– Par ma queue touffue, ça m'a tout l'air d'une noix gigantesque.
C'est magnifique. Je vais m'en faire un repas fantastique.

L'écureuil essaie de prendre la noix entre ses pattes.
Hou là là, que c'est gros !
Il essaie de la ronger.
Hou là là, que ça glisse !
ET HOP !

Voilà la noix qui s'échappe, qui dévale le chemin,
et s'arrête enfin juste devant le terrier d'un lapin.
– Ho, Lapin, sois gentil, ami, viens m'aider à ronger cette noix.
Je n'y arrive pas.

Le lapin demande :
– Qu'est-ce que tu me donneras quand je l'aurai ouverte ?
– Mais, elle est à moi ! C'est moi qui l'ai trouvée !
Je… Je t'en donnerai un petit peu.

Le lapin n'est pas d'accord.
– Un petit peu, ce n'est pas beaucoup. J'en veux plus que ça.
Sinon, ouvre-la tout seul, et voilà !
– Ne t'en va pas, Lapin, reviens ! Je partagerai avec toi.

Alors le lapin s'approche de la noix.
Il essaie de la ronger ici, il essaie de la ronger là.
Peste de peste, c'est dur !
Il tape dessus avec un bout de bois et voilà la noix qui bondit en l'air…

… et va se coincer dans les branches.

Là-haut, dans l'arbre, le singe prend la noix et pense :
« Hé hé, moi je l'ouvrirai ! Je me sauverai avec quand je l'aurai ouverte, et j'irai me cacher pour la manger à moi tout seul. »

Alors, il descend de l'arbre avec la noix dans les bras en criant :
– Hé là, les petits, me voilà ! Je vais vous l'ouvrir, cette noix.
CRIC CRAC CRIC CRAC, le temps de compter jusqu'à trois.

Un, deux, trois, **CRIC CRAC !**
Rien du tout. La noix ne s'ouvre pas.
Le singe s'énerve. Il flanque un coup de patte dans la noix.

Et voilà qu'elle descend dans les rochers au bord du lac.
Alors l'écureuil, le lapin et le singe courent derrière elle.

BADOUM, BADOUM, BADOUM !
Voilà l'ours qui sort de sa caverne en bâillant.
– Ours, Ours, dit l'écureuil, tu es fort.
Ouvre-nous cette noix.
– Hou là, hou là là ! Mais c'est un gros travail ça.
Que me donnerez-vous pour le faire ?

L'écureuil répond en soupirant :
– Je t'en donnerai la moitié. Et moi j'aurai l'autre moitié.
– Et nous, alors ? crient le lapin et le singe.
– Mais vous ne l'avez pas ouverte ! répond l'écureuil.

– On a essayé, dit le singe.
– Et c'était très fatigant, dit le lapin.
Et le singe dit encore :
– Alors, on aura tous une moitié.

L'écureuil se fâche :
– Vous êtes idiots !
Il n'y a pas quatre moitiés dans cette noix.
Et puis c'est moi qui l'ai trouvée.
Nom d'une peste, vous m'énervez !

L'ours dit en grognant :
– Si on partageait en quatre, ça vous irait ?
Dépêchez-vous de vous décider, parce que moi, j'ai sommeil.

L'écureuil est furieux.
– Faites comme vous voulez. Il ne me restera presque rien !

Et l'ours dit :
– Alors j'y vais.

Il regarde la noix, il fronce le museau,
il allonge ses gros bras d'ours,
et il se met à serrer,
serrer la noix ;

si fort, si fort, si fort, que la noix **VLOUF !**
saute en l'air…

et **PLAF !**
lui retombe droit
sur la tête avant d'aller…

PLOUF !
tomber dans le lac.

L'écureuil a le fou rire.
Mais l'ours est très fâché. Il hurle :
– Poil aux pattes ! Cette noix m'a démoli le cerveau.
Je prends le bateau, et je vais la repêcher.
Pendant ce temps, allez chercher une pierre,
un marteau, une massue, un rocher,
que je vous écrabouille ce monstre,
que je vous l'escagasse et que j'en fasse de la bouillasse !

Et l'ours s'en va sur l'eau
en ramant de toutes ses forces.

Pendant ce temps, sur la plage,
voilà la pie qui atterrit et qui dit aux trois autres :
– S’il vous plaît, arrêtez. Vous êtes bêtes, têtus et mal élevés.
Laissez-moi faire, je me charge de votre noix dès que l’ours la ramènera.
L’écureuil dit :
– Ha ha, tu te crois plus forte que moi !
Le lapin dit :
– Ho ho, t’es zinzin du cerveau !
Le singe dit :
– Hi hi, t’es ratatinée dans ta tête !

On entend alors un grand bruit.
C'est le bateau qui a craqué.
C'est l'ours qui crie, et qui revient à la nage
en poussant la noix avec son museau.

– Hourra ! La voilà ! Tu sais quoi, Ours ?
La pie nous a dit qu'elle ouvrirait la noix.
Ha ! Ha ! Ha !

La pie attend qu'ils aient fini de se moquer d'elle.
Et puis enfin, elle s'approche lentement de la noix.
Tout le monde se tait.

Et, dans le silence, elle frappe sur la noix
trois petits coups de bec :
TOC TOC TOC !

Alors… on voit
quelque chose bouger.

C'est une petite tête qui sort d'un petit trou que personne n'avait remarqué.
Et on entend une petite voix qui dit :
– Ah ! enfin quelqu'un de poli !
Le tremblement de terre et l'inondation sont finis ?
Je suis un ver et j'habite ici.

– Excusez-les, répond la pie, ils ne savaient pas que cette noix était habitée.
– Je suis désolé, dit encore le ver, mais ceci est en effet ma maison.
J'étais en train de déjeuner quand on a commencé à me secouer.
Allez donc voir ailleurs si vous cherchez à vous loger…
Ici, j'occupe l'immeuble tout entier avec mes dix-huit cousins,
mes quatorze copains, et ma meilleure amie bien sûr.

VERS LuiSant
VERS

Alors l'écureuil, le lapin, le singe et l'ours se sont excusés.
Et le ver est retourné à son déjeuner.

Vous avez aimé cette histoire ?
Découvrez également…

Dans la même collection

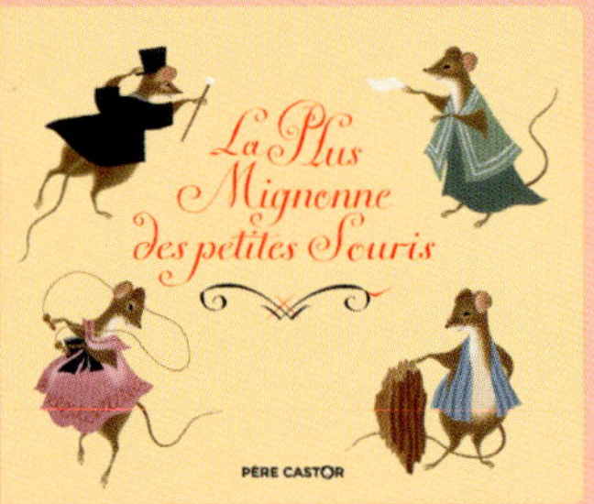

n° 11 | La Plus Mignonne des Petites Souris

n° 14 | Le Petit Bonhomme de pain d'épice

n° 19 | La Grande Panthère noire

n° 26 | Le Gros Navet

n° 28 | La Soupe aux cailloux

n° 32 | Tom Pouce

n° 48 | Un bon tour de Renart

n° 51 | Hansel et Gretel

n° 54 | La Chèvre de Monsieur Seguin

Dans la même collection

n° 58 | L'Ours et les trolls de la montagne

n° 61 | Le petit loup qui se prenait pour un grand

n° 65 | Épaminondas

n° 79 | Bravo Tortue

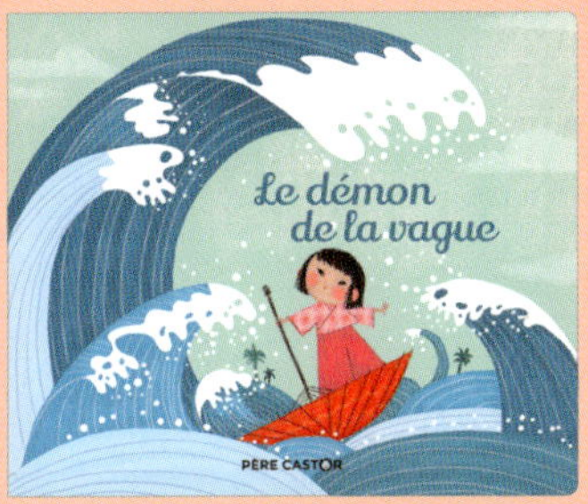

n° 81 | Le Démon de la vague

n° 94 | Raiponce

n° 97 | La Plume du caneton

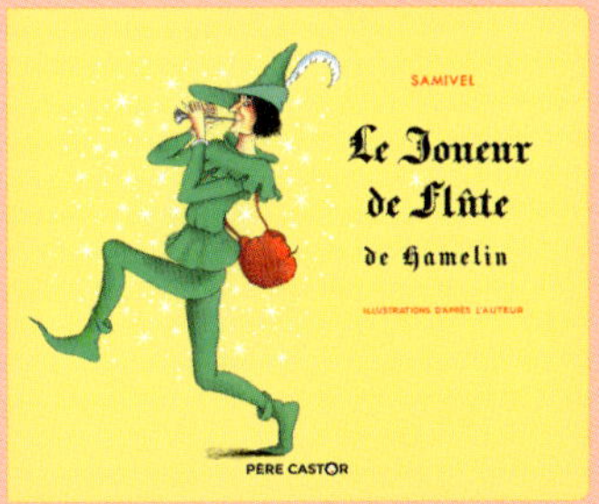

n° 104 | Le Joueur de flûte de Hamelin

n° 118 | Petite Poule noire comme nuit